숲속의 노래

숲속의 노래

이원문 지음

책나무

| 차례 |

제1부

제2부

제1부

해콩

지붕 위 저 초아흐레 달
언제 차 오르려나
늦은 들녘에 다녀온 시아버님
콩 한 짐 꺾어지고
마루에 내려놓으며
애야 어멈아 오늘 저녁에
이 콩 다 까놓으려무나하신다

가슴 덜컥 내려앉은 며느리
아이 봐 준다 업고 나간
주책바가지 시어머니   안 들어오고
발꿈치 미운 시누 빨래 거지 내놓는다
콩 다발 옆에서 손톱 호호 불어대는 시누
아이 업고 나간 시어머니보다 더 얄밉다
큰기침의 시아버님 주막길로 들어서고

메뚜기의 고향

저 허수아비까지
얼마를 더 뛸까
비늘구름 더 높이
새털구름 흩어지고

훠이 훠이 새 쫓는 소리
삼 형제 깡통 두드리는 소리
들려오는 메아리에
참새 떼 날아가고

앞서 뛰는 메뚜기
이삭 뒤로 숨는다

할아버지의 가을

세월이 허리 구부리고
시간이 지팡이를 쥐여 주었다
주름은 근심이 그어놓고
서릿발의 흰머리
언제 검게 바뀌려나

멧갓 둘러본 할아버지의
천만년 남은 시간
맴도는 저 까마귀 울음에
올 이 들녘을 두고
마지막이 될 것인가

평생 몸담아 꿈 묻은 들녘
허수아비에게 물으니
늙고 싶은 듯 대답이 없고
쓸쓸한 저녁 바람만
까마귀 몰고 간다

가을 강

빠른 세월인지
느린 강물인지

나루터 맴도는 물
흐를 줄 모르고

철새 강 건너
갈대밭을 지난다

참빗

우리 할머니는

도망가는 둘째 동생

사탕 준다 불러놓고

머리채 잡아

참빗으로 싹싹

빗겨 주었다

툇마루 양지에서

깻단

저놈이 크면

내 묻힌 자리

찾아올려나

잔 한 잔 부어놓고

달 반이 면

어미 젖 뗄 것인데

이 깨 털어 찧어

흰 죽 쑤어 먹여야지

끝을 파는 할머니

누구의 세월을
어떻게 말을 할까
표정 안의 찌든 삶
발걸음에 멍든 세월
옷차림 속 남은 시간

먼저 달려온 경험으로 보아
나만 그렇게 살아왔겠는가
빼앗기는 줄 모르고
낳아 길러 모아온 세월
이제 들이쉬는 숨소리가 다르구나

지나가는 젊은이
이 수의 구경 좀 하소
내 밤새 어두운 눈에
꿰매어 지었으니
그때 당황하지 말고
효자 노릇 한 번 하소
빠진 것은 내 바늘귀 실뿐이니
효자 노릇 한 번 하소

외로운 양지

가을 양지에서
홀로 울었지요
울어야 했어요
이 모습이 나였나요
아니에요
나 아니에요
이름은 맞는데
나 아니에요
모습도
마음도
나 아니에요
저 풀 잎새처럼
생존이 그렇게
만들었다면
삶은 무엇이었나요
보이는 남은 시간
나 그곳 찾아
시간 따라 가야하나요
돌아가고 싶어요

가을밤

문밖 수수 잎 소리

달빛 모으고

뜨락 비추는 달

구름 뒤에 숨는다

그러다 구름 지나가면

수수밭 비추고

아람의 꿈

등잔불로 더듬는
한밤의 기억
어디 가면 많을까
아람 꿈에 부푼다

새벽녘 밤나무 밑
푸서리 뒤지며
큰 아람 작은 아람
소쿠리에 주워 담고

마지막 돌아서
송이 아람 주우면
가시에 찔려도
그렇게 반가웠다

며칠 전 주운 것은
운동회 날 쓸 것이고
오늘 주운 것은
구워 먹을 것인데

쇠죽 아궁이에 묻으면
맛있게 구워질까

궁금하여 아궁이 속
휘젓고 들여다보면
어느새 익느라
뻥 하고 터진다

들국화 언덕

너의 이름 들국화

네 꽃을 못 잊어

이 자리에 또 왔다

그 향기 그리워

둘러보았고

나 어릴 적

네 꽃에 꿈 묻고

쓸어안던 날

나는 너를

다시 찾으리라

맹세했었지

먼 훗날 네 꽃이

그리워질 때면

추석

할머니

저 달이 꽉 차면

송편 먹는 거야

그러면

아이들도

나와 놀아주는 거고

추석 반달

뒷동산 오르며
나뭇가지에 걸친 달
토끼는 보이는데
절구 안보이고
계수나무 반 가지
보름을 기다린다

서산에 기울며
계수나무 눕힌 달
토끼 눕히며
어디로 가나
며칠 후 보름이면
일으켜 뜨겠지

새댁의 송편

처음 맞이하는
시댁의 추석
둘러앉은 시댁 식구
웃음꽃 피어나고
쫓겨 온 시누
괜스레 짜증낸다

안쓰러워하는
시어머니의 굳은 표정
시어머니 안 계시면
어떻게 하려나

신랑이 꾸짖는
시누의 눈물
보면 볼수록
더 불안하다

기억의 밤

밤바람
쓸쓸히 옷 벗기는 밤
떨어지는 가랑잎
마음을 빼앗는다

기우는 달그림자
어서 가자하나
떠오른 그 자리
샛별이 밝혀준다

추석 보따리

낳아 기를 때
괴로움 잊었던 날
잘 자라는 것으로
효도했던 딸 아들아

늘 부족했던 날
이 어미 지었던 죄
보내고 내보내니
더 죄가 되는구나

밀물

얻으려 찾은 바다
앉은자리가
내 자리인 것 같아
돌 하나 던져보니
보이던 돌 깊어지고
앉은자리 빼앗는다

옮겨 올라서면
그 자리 또 빼앗고
다시 올라서니
파도가 빼앗는다
끝내 썰물에
마음마저 빼앗겼다

수원역을 지나며(2013.9.18)

우리 근로자가
일자리가 없는지
있는데도 안 하는지
아니면 많이 배워
못하는지 알 수 없지만

남녀 외국인 40%가
수원역을 차지하여
흐뭇하게 웃고 웃더라
그 자리가 누구의 자리였나
우리의 일터 어떻게 할 것인가

빌려 쓴 돈 빚 천조
은행만 믿는 나라
일가친척 이웃과
원수가 되는 나라
돈 없어 짝 못 지어
민족이 줄어드는 나라

이용당하는 다문화
혼혈이 느는 나라
바닥 가닥 모르고

자랑하며 웃는 나라
한국의 미래
어디로 가고 있나

고향의 나무

고향에 어서 가자
늙은 몸 졸라대고
마음은 싫다
몸뚱이를 잡는다

빈손 들고 내려간들
누가 나를 반겨줄까
떠나올 때 굳은 결심
아직 잊지 않았는데

그래도 못 잊어
먼발치서 둘러보니
석양에 몇 집일 뿐
기울어 쓰러지고

성황당 아래
그네 매던 곳
개울가 굿 고목
그날을 읽는다

가을바람

불어와 들녘 지나
참새 떼 부르면
할아버지 파대 소리
메아리치고

산기슭에 올라
아이들 부르면
상수리나무 메질 소리
마을에 퍼진다

제2부

순이의 추석

색동옷 너에게
고개 숙이던 날
누더기의 나는
너를 볼 수 없었지

먹을 것 던지며
돌아섰던 너
곁눈의 너의 모습
아름다웠었고

이제 네 앞에
고개 들을 수 있을까
너는 나에게
무엇을 던져야 하고

낙엽의 강

봄 안개에 꿈 묻던 날

나루터의 늙은 사공

세월을 노래했지

묶여진 나룻배

거스르자 흔들어대고

창가의 가을

한 잔의 커피에
담아본 시간들

바라보는 시선
그림자에 밀리고

스치는 옛 시간
손을 접는다

몇 손가락에
접히는 기억들이

이 한잔의
커피가 되었나

바람에 흔들리는
강아지풀 외롭고

스치는 그 날
허공에 흩어진다

할아버지의 흙

저 들녘과 우리들은
부자였어도
할아버지는 가난했다
한술 밥 얻다 붙잡힌
할아버지의 일생
아홉 살 머슴이
아흔 살 되어
돌아보는 세월에
어찌 풍년만 있었을까

보이는 땅 저 흙 차지하려
잃어버린 세월에 묻은
할아버지의 꿈
녹는 뼈에 가죽 안 살점
빼앗기는 줄 모르고
속아온 할아버지의 세월을
저 흙은 알고 있으려나
쥔 것 없이 돌아보는
할아버지의 세월
이제 무엇을 들고
어디로 떠나야 하나

한강의 가을

세월이 멈춘 것인지
강물이 멈춘 것인지
둑 언저리 풀 잎새 하나
힘없는 것 없고
겉으로 싱싱한 척
퍼런 버드나무
강물 바라본다

다리 밑 찾아
그 많은 오고 가던 사람들
양지 찾아 떠났나
몇몇 사람 움츠린 모습
쓸쓸히 보이고
불어오는 강바람
잔물결 못 지운다

엄마의 섬

은빛 물결
출렁이면
굴 바구니 꿰매고

갈매기 울음
멀어져
싸리 대문 닫았다

섬 그늘 멀어질까
바위 찾아
뛰는 마음

밀물에
돌아서니
아이 울음만 가득했다

석양의 가을

허공 높이 올려 보면
마음 흩어지고
구름이 껴 찌푸리면
한 짐의 몸 무겁다

잃은 것도 얻은 것도
무엇인지 모를 마음
누르는 한 짐의 길
그 끝은 어디인가

떨어지는 낙엽이
빼앗는 석양 길
스치는 바람
옷을 벗긴다

복 많은 년

네년은 복도 많다
혼잣말 할머니의 넋두리
내가 저것을 키우느라
세월 다 잃고
안 해본 것 없이
온갖 장사에
이웃 마을로 다니며
나물까지 뜯어 팔았는데
저것이 어느새 커
계집을 데려오다니
그럼 내 세월은
어디 갔단 말인가

영감 죽던 해에
서너 달 있다 에비도 죽어
저거 하나 손 이을까
키운 손주 놈인데
그때 지 어미 없다
얼마나 울고 보챘는지
어미 년 집 나가버리고
그래도 저것을 키우고 키우느라
소핵교부터 대핵교까지

졸업 마쳐 주었더니
할미한테 얼마나 잘하나
이제 큰 회사에 다녀
높은 자리에 올라간다는 놈

데려온 계집으로 봐서 수더분하니
할미한테는 그만두더라도
우리 손주한테 잘해야 될 텐데
참 계집 팔자 뒴박 팔자라더니
저 계집을 두고 한 말인가
우리 손주 놈 착하고 똑똑한데
네 계집 내 모아 놓았으니
우리 손주한테 잘하고 잘 살려무나

가을마당

바깥마당 언저리
펴 너른 들깨 내음 구수하고
가득 채운 멍석의 벼
풍년을 약속했다

이리저리 펴 말리는 어머니
말리기 전 계산이 방앗간을 찾는다
찰벼는 찧어 큰일에 쓰고
나머지 메벼 찧어 누구를 줄까막내네를 더 줄까
큰아이를 더 줄까
못사는 큰딸래네
그저 그런 작은딸네

아무리 계산을 해도
계산이 안 나온다
들기름은 짜서
한 병씩 돌릴 것인데

늦가을

좋은 세월 다 잃고
꽃피우면 무엇하나

언덕배기의 찬바람
서리 앉힐 것이고

산자락 바뀐 그늘
양지 빼앗을 것인데

며칠의 양지에
저무는 꽃도 꽃이요

꿀 없이 피었어도
한철의 꽃이련만

이 언덕의 벌 나비
어느 꽃을 찾아갔나

저 그늘 지우는 날
그날 밤 질 것인데

빈손

한 번 왔다

가는 것이

사람만이

힘이 들까

그렇다면

그 무엇을

채우기에

단풍

단풍나무의 단풍이
그리 중요하지 않았다
예뻐도 그리 중요하지 않았다

노란 빨강 진달래 단풍
노란 싸리 단풍
구김 없는 은행나무 단풍

그리고 이름 모를
굴 청의 아기 손톱 단풍들
이 모두 보릿고개에서 물들었기에……

가을 그림자

누더기에 스며드는
옷 벗기는 바람
고사리손에 흙 묻혀
어디로 데려가나

바람에 깔리는
저녁 산 그림자
이삭 줍는 남매에게
피눈물을 주었다

머슴의 가을

이 마을 들어온 지
어느덧 석삼년
모아 간다는 것이
선 새경에 없어지고
올 추수 끝나면
한 가마니 더 올리려나

첫해는 더 불리려다
화투 방석에 깔고
두 해 되던 해는
미리 집에 보내느라
달구지에 실렸는데
올해는 받아 어떻게 할까

벼 포기에 마음 담아
세월 베는 머슴 아저씨
새참 한 잔술에
취기 올라앉으니
논두렁 잠 단풍에
아이들이 기다린다

고향 옛터

남은 하나
조상의 묘 찾아간 고향
산은 이 산인데
저기인 것도 같고
이 자리인 것도 같고
이웃 묘와 함께 있어
기억이 가물거린다
어려서 어른들과
함께 찾았던 조상의 묘
우거진 나무에 봉분 없이
누워 계신 조상의 묘
그동안 이 자손은 무엇을 했나

구름 흘러가 듯 흘러가는 세월
죄책감에 하늘 올려보니
그때 그 하늘에 구름 몇 조각 흐르고
내려본 고향 옛터에는
찔레 따던 개울가 할 것 없이
들녘도 동산도 내가 놀던 나무도
다 없어지고 흔적만 남아
어린 시절을 떠올려준다
그리움에 들려본 개울가는 어떠할까

그마저 폐수에 파리 날고
떨어진 낙엽 몇 잎만이
폐수를 떠돌며 나를 기다린다

수양딸

무슨 놈의 팔자가
자식 없는 팔자도 있나
겨우 하나 얻은 딸 돌림병에 가버리고
그 후 자식이 들어서질 않으니 말이야
서방도 명이 짧아 웅덩이에 빠져 죽었으니
온 동네 흉이 오죽이나 할까
벌써 서방 잡아먹었다 소리가 들리니
술 잔뜩 취해 그놈의 뒷자리는 왜 갔는지
길어져 가는 푸념의 세월
온 유월에도 집안에 냉기가 돌아
어떻게 산단 말인가
재가를 하자니 또 서방 그리워갔다 할 것이고
에이 이참에 순덕이나 데려다 키워야지
논마지기에다 건넛산 밭떼기가 있으니
밥은 굶기지 않을 것인데
순덕이 어미가 딸을 주려나

그래 주면 저 밭떼기라도 팔아서
곱게 키워 시집보내 줄 것이고
쌀가마니는 순덕이네 하고
나누어 먹으면 되지 않겠나
형제 많은 집 없는 것이 무슨 죄인가

지어미 닮아 착하고 예쁘고
먼발치에서 봐도 예의 바르니
저런 아이 키워 남의 집 보내는 것도
순덕이로 봐서는 복이요 나는 큰 공일 텐데
나도 순덕이 어미와 속 이야기 나누는 사이이고
순덕이 어미가 그렇게 하려는지
그러면 내 사랑은 모두 순덕이의 것이고
순덕이도 지 친어미처럼 그렇게 할 것인데……
우리 순덕이 참 예쁘기도 하지 내 딸 순덕이

마구간 이야기

마구간에서는
어느 동물이든
그래서 그런가
살아남을 수가 없다
그래서 기독교에서는
예수가 마구간에서
태어났다 했는지 모르고

동양 한국에서는
말띠 해에 임신 및
출산을 하지 않으려한다
그 띠는 팔자가 세다하여
궁합 혼인의 피해는 물론 그 동물
고기도 잘 먹지 않는다

이유는 무엇일까
그래서 그러는지
말은 주인을 모른다
은혜를 원수로 갚고
해코지하는 동물이다
뒷발치기 앞발치기 물어뜯는 동물이다

한 번 고집은 목숨과 바꾸고
마음이 얼마나 간사한지
오뉴월 가랑잎 뒤집어지 듯
시시각각 변하여 종잡을 수가 없다
눈치 빠르고 겁이 많아 작은 소리 및
구르는 낙엽 보고도 놀라 뛴다

벼르다 앙갚풀이하는 능청스런 동물
그의 진드기는 살을 파고들고
말파리는 빨판에서 독침으로 바뀌어
가죽을 뚫고 흡혈을 한다
말의 일반 파리는 잘 죽지도 않을뿐더러
옷 속으로 숨어들어온다

분뇨 깨스는 화학 깨스와 같고
비듬은 하루 60그람 정도를 털어내야 한다
장난이 심하여 끄트럭만 있으면 밤새
입이 찢어져도 그것을 떼어 내야 속이 시원한 동물이고
좁쌀만 한 말 모기는 독하여
청바지를 뚫고 흡혈을 한다

비 오는 가을

낙엽 구를 줄 모르는
조용한 세상
풀 잎새 늘어져
세월에 덮이고
우산 쓴 이 발걸음
무겁게 딛는다

무엇을 잃었나
찾는 것이 있었나
표정에 담긴 쓸쓸한 마음
우산도 마음도 접지 못하고
딛는 발 외로이
길 건너 멀어진다

말(馬)의 유치원

너의 집이 어디냐
비행기 타고 왔니
배 타고 왔니
이제 서울 유치원에
입학하려고 왔으니
공부 잘 해야된다

그럼 우선 검역소에 들려
검역 마치고 원서 쓰자
입학원서 순서는 이렇게 하는 거다
너의 옷 색깔 나이
성별 태어난 곳 본적 몸값
건강 상태 유무를 선별하는 것이다

그리고 공부할 때는 채찍 들고
밥 적게 줄 것이니
서러워하지 마라
고집 피우거나 장난하다 다치지 말고
이 선생님 말씀 잘 들어야 해
그렇지 않으면 너희들은 바로 떠나야 한다

국어책

한복 차림의
예쁜 선생님
우리는 우리글을
어떻게 배웠나

읽어 주면
따라 읽고
책 덮고
받아쓰고

종아리에 멍들며
손바닥 붉기까지
회초리 앞에서
그렇게 배웠다

달걀 팔아서
그렇게 배웠다
추워도 더워도
그렇게 배웠다

강냉이죽 한 그릇에
그렇게 배웠다

등잔불 밑에서
그렇게 배웠다

제3부

외로운 가을

부르는 듯
돌아보면
아무도 없고
주워든 낙엽에
모습만 그려진다

남은 기억 잃을까
그 모습 못 찾을까
그리워 그려보면
먼 하늘에 잠들고
그날만 쓸쓸히 멀어져간다

가을 천둥

애들아 천둥소리 들린다
번개 쳐 어서 나와 봐
들녘 일에 고단한 잠
한밤중의 아들 며느리
어머니의 두 번째 부름에
노인네 또 망령 떠네
못 들은 척 눈 감는다

이번에는 부지깽이로
문 두드리는 어머니
문 열고 나온 아들
어머니에게 묻는다
뭐 불편한 것 있으세요
아니 그게 아니고 이놈들아
천둥소리가 들리면
문 열고 나와 비설거지해야 할 것 아녀

서쪽 못 보고 머리 위 보는 아들
아니 별이 저렇게 총총히 떴는데
무슨 비가 온다고 야단이에요
짜증내고 다시 들어가자
멀리서 들리는 듯 천둥소리에 불 번쩍인다

아니 이 가을 소나기가 내리려나
어머니의 망령이 아니었구나

아이들 깨워 소쿠리 들여놓고
아내는 장독대에 장항아리 덮는다
부지런히 추녀 끝에 벼 멍석 쌓기 전
어느새 떨어지는 한두 방울의 빗소리
후두두 후두두 생철 지붕 두드린다
남은 타작의 볏가리는 괜찮을는지
마루 끝 어머니 밥 달라 졸라댄다

억새꽃 그리움

지난날 그리움
강 언덕에 묻고
억새꽃 따라
여기 찾아왔어요

영상에 스쳐 가는 날
우리 좋아했었나요
아니 사랑했었나요
나 지울 수 없어요

나 이제 목 메인 한마디
다가오는 저 물새 소리처럼
다시 들리는 것 같아요
못 잊겠어요

생각

당신은 오늘

몇 가지의

무슨 생각을 하였습니까

밤과 낮이 없는

당신의 생각

보고 듣고 흘리지는 않았는지요

사심(死心)

하루에 시달리는
부질없는 세상
내리는 눈비 비켜서니
찬바람이 쫓아내고

마음 깎아내리는
감은 눈에 들리는 소리
추녀 끝에 움츠린 몸
양지 찾아가라한다

나 돌아가리라
눈 감아도 보이는 세상
발 닿은 곳 구경 다했으니
나 그곳으로 돌아가리라

해변의 가을

파도 소리

소라의 꿈

다녀간 이

발자국까지

조개껍데기

묻어가며

해당화 붉은 열매에

담아 놓았다

고희(古稀)의 엄마

엄마

내 입에 쓴 것은 들어가는데

단것은 들어가지 않아요

못 넣겠어요

저문 날 추워도

내가 추운 것이 아니라

아이들이 춥고요

엄마……

겨울 길목

누가 씨앗을 매달라 했나
어떻게 단풍으로 물들여 놓았고
첫서리에 얼음 어는 날
멈춰 설 작은 생명들
들어가고 덮어쓰고

못 떨어진 꽃잎은
며칠의 양지가 필요한 것인지
눈치챈 뿌리 올리던 물 끊었는데
양지 없는 흙 속에서
찬바람 부는 것을 어떻게 알고

친구

친구야

내가 너의 문 두드릴테니

밥 한술 주겠니

그리고

네 아내에게

나의 친구라 할 수 있겠니

장작

쓰러진 나무 베면 물 장작 되고
해충에 죽은 나무 마른 장작 된다
나이테로 보아 많게는
수십 년 된 나무들인데
어찌 세월에 견디지 못했나

처음부터 굵지 않았을 나무들
모은 세월 토막 내려
톱 갈아 톱질하니
그 세월 한 줌의 톱밥으로 토막 나고
도끼로 쪼개니 모은 시간 갈라진다

이제 쌓아두면 모두 마를 장작들
갈 곳은 하나 아궁이뿐
어느 아궁이에 들어가 그 세월을 태우나
씨앗부터 모은 시간 나이테로 그린 세월
그 세월 불꽃으로 재만 남을 것인데

장독대의 첫서리

또 한해의 첫서리
뒤곁 담 넘는 바람
감나무 잎 올려놓고
바람 잦아드니
하얀 서리 앉는다

신발 소리 들릴까
잠 안 오는 할머니
올려보는 밤하늘
저 별만큼이나
마음에 근심 가득하고

시집오던 해부터 아껴 온
장항아리 닦는다
이 생각 저 생각 친정 생각
감춰놓은 엿 먹었다 누명 쓴 생각
그 세월 다 어떻게 흘렀나

장롱의 가을

이 옷을 입어야 하나
저 옷을 입어야 하나
오른손이 집은 옷
마음이 부끄럽고
왼손이 집은 옷
세월이 부끄럽다

어렵사리 용기 내어
거울에 비춰본 옷
그 옷도 거울이 못 입게 하고
추억에 짧은 옷 입으려 하니
며칠 후 더 보고
서랍 깊이 감추라 한다

가을 언덕

삶을 짊어지고 오르내린 언덕
먼 훗날이 된 오늘 다시 오른다
이 가을을 잊었는지
파란 그대로 양지의 풀 볕 쬐고
아는 풀은 씨앗 달고 힘없이 시들어간다

그날만큼이나 무거운 마음의 짐
이 언덕 오르면 내려놓을 수 있으려나
스치는 바람 옷깃 뒤집고
그때 그 억새꽃 바람에 눕는다

사연 담아 피어난 외로운 억새꽃
그때 이 포근함을 왜 몰랐던가
쓸어안으니 그날이 새롭다
영원히 못 볼 수도 있을 외로운 억새꽃
오늘 찾지 않았으면 또 볼 수 있었을까

낙엽의 허공

놓아주니

자유로웠다

바람에 실려

즐거웠고

마음껏

춤도 출 수 있었다

어떻게 이런 일이

그 어떠한 다른 세상이 있는 것인지
아니면 사람만 모르는 또 하나의
다른 진리가 있는 것인지
과학으로 밝힐 수 없어 무섭고 믿어진다

회사에서 새끼 적부터 키워 온
얼룩빼기 암고양이를
새끼 4마리와 함께
새끼 따로 어미 따로

늦은 저녁 각 자루에 담아 흔들며
2킬로미터 밖 산 넘어 식당에
오토바이로 5분 내로 달려가
풀어놓고 급히 달려왔다

그런데 출근하여 보니 와 있는 것이다
그렇다고 밖을 보여 준 것도 아닌
캄캄한 자루 속이었고 시간도 빠른 시간이었다
그러더니 그날 새끼까지 물어다 놓은 것이었다
안전 관리상 사람이 데려다 놓은 것이 아니었기에……

친구 여승

법당에 들려 뜨락 내려올 무렵
들리는 풍경 소리 마음을 찢는구나
너에게 부끄러워
무슨 말을 해야 할지

나 내 나이 물어보러 왔어
몰라 너에게까지 속여 왔고
네가 알려주지 않으면
모르고 떠나야 하는 것인지

스님 아니 친구야
나의 거짓 스물에
너는 부처님을 찾았고
나는 인생을 찾았건만

살아보니 그것이 아니더라
놓인 운명의 길도 거짓의 길이었고
이제 저문 이 길도
이것이 아니길 빌어 줘

무당의 아들이 되던 날

11살에 앞산 기슭
외딴 초가집 벽에
붙여진 그림들이
부처님과 함께
무서웠는데
타들어 가는
부지깽이가
하나하나
일깨워 주었다
짊어진 나뭇짐에
인생도 실어 주었고

찾아온 무당 엄마의
시영 딸 아들들이
들려주는 이야기들
지금도 모두
기억에 담아
꺼내어 듣고 있다
새 신발 신고
굿 떡에 밥
배불리 먹었던 날
사과 배 사탕도

맛있게 먹었다

낙엽 한 잎

잡히지 않는 허공

낙엽도 기댈 수가 없었다

벌레의 허공은 땅에 떨어져 뒹굴고

세월의 멍도 함께 뒹굴고 있었다

애인 만나는 날

내가 제일 예쁜데
미소 지면 어떠할까
이렇게 지어 볼까
머리에 손 올릴까

옷은 이 옷으로 된 것 같은데
신발은 어떠할까
무슨 말을 해야 할지
눈으로 침묵으로
아니면 몸짓으로

주고받는 대화 중
나 모르는 것이 있을까
있다면 어떻게
무엇으로 덮을까

설렘에 만나는 날
수줍음 못 감추면
사랑으로 덮어 줄까
애교 하나 만점이면
다 될 것 같은데

서해(오이도)

바닥 드러나면
다 같은 흙인데
감춰진 갯벌이
어찌 궁금했던지

풀 한 포기 없어도
살아 있는 생명 들
드러난 갯벌에
게 기어 숨어들고

먹이 찾는 갈매기
먼 곳을 바라본다
들어오는 밀물에
친구 오나 바라본다

제4부

벼 이삭의 봄

내리는 궂은비
아이 마음 빼앗고
누더기에 부는 바람
인생을 가르친다

싹트는 벼 이삭
봄을 모르는지
주운 이삭 찧으면
싸라기 되는데

그 어린 세월을
싸라기로 가르나
고무신에 미끄러지는
아이의 세월을

미련의 단풍

우리 사랑 단풍처럼
곱게 물들었던 날
있어야 할 또 하나가
있어야 했었지

주워 든 낙엽에 새겨진 약속들
아직 그 약속
단풍으로 물들고
주워 든 낙엽에 모습이 그려진다

다 미련 따라 모두 가버린 날
이제 있어도 잊어야 하는 것인지
없어도 기다리며 찾아야 하는지
기억의 그날 힘없이 떨어진다

냉이의 가을

너의 뿌리는 봄이었어도
돋아난 양지는 가을이란다
앞산 단풍 곱게 물들고

이제 소슬히 바람 불어와
낙엽 하나 둘 떨어지는 날
네 파란 잎은 하얀 눈으로 덮이겠지

봄바람에 실려 오는 아지랑이 꿈꾸며
추운 겨울 지나 언니 바구니 꿰맬 때
너는 너의 꿈 언니에게 담아 줄 것이고

고구마 이삭

아침 일찍
서리 걷히기를 기다리는 아이
마루에 볕 드니
바구니 들고 나간다

앞산자락 뒷산 넘어
고구마 밭 찾는 아이
거둬 올린 넝쿨에
생기다만 줄기 남고

가운데 들어가니
알뜰히 캐갔다
어느 밭을 찾아야
이 바구니 채우나

둔덕 뒤지니
풀뿌리 뜯기고
허기에 올려본 산
그늘에 덮인다

새어머니의 가을

내리받길 따라

찾아가는 운명

어떻게 해야

이 가정의 구성원이 되나

먼 산 단풍 석양이 가리고

떨어지는 낙엽 바람에 구른다

멀리 내 아이가 부르는 듯

들리는 소리 바람에 끊기고……

외로운 가을

한세월의 슬픔인가

풀 한 포기 나뭇잎 하나

시들지 않은 것 없고

끝내 떨어져 바람이 굴린다

마지막 밤

그날의 오늘 밤도

다 같은 밤인데

오늘은 별도 없고

달도 뜨지 않았다

가을

며칠의 귀뚜라미 울음에
깊어 가는 가을
접히는 세월에 그 울음 멈추고
이제 곱던 단풍도
시간이 놓는구나

끝은 언제나 허무한 것인가
떨어진 낙엽 바닥 긁는 소리
운명을 찢는 것 같고
늦어야 했던 낙엽은
무엇이 그리 아쉬웠는지

칼

네 세운 칼날

세월에 무뎌지고

쥔 자루는

시간에 녹이 슬 것이니

세운 날도 보고

쥔 자루도

볼 줄 알아라

낙엽 길

저만치 바라보면
끝이 보이는데
이 운명의 길은
끝이 어디인가

걸어갈수록
시간 부스러지는 소리
저 끝 다 가면
돌아 올 수 있는데

보이지 않는 나의 길도
그럴 수 있는지
떨어지는 낙엽
머리 스쳐 떨어지고

힘없는 회전
지난날을 감는다

11월 밤

접히는 시간에

떨어지는 시간들

바람이 털어대는 시간이

어디 가을뿐 이겠는가

시간도 멍이 드는 것인지

집어 보면 성한데 없고

밟힌 시간 주우니

어느 한쪽이 비어있다

거미줄 사랑

좋아했고
사랑도 했었다

낡도록 그 자리를
떠나지 못했다

그리고 영원히
기다릴 것이다

시골 마당

바람이 쓸어 모으는

한 줌의 낙엽들

돌 틈에 숨은 것은

어찌 몰랐었는지

담에 오른 담쟁이

곱게 물들이고

우물 둥치 장독대에

한두 잎 쌓여간다

파란 낙엽

시들음도 아니고
단풍도 아니고
그대로의 모습으로
엎어져 밀린다

오그려들지 않았으니
구르지 못하고
마르지 않아
날리지 못했나

못내 아쉬움에
놓쳐야 했던
마디인 듯
주워 보니 찢겨있다

은행나무 길

올려 보면 황금 하늘

사이로 보면 파란 하늘

황금 길 걷는 마음 즐거워진다

밟기 아까워 비켜서 걷는 길

비켜서도 밟히는 금싸라기 길

땅도 하늘도 황금으로 깔려 있다

낙엽의 다음

낙엽에 실린 세월
세월은 그런 건가요
단 몇 초의 시간으로
그 긴 시간 마감하고
몸서리 곤두박질로
그렇게 떨어져야 하나요
떨어질 새 없이
바람이 모는 대로
가야 하고요

내동댕이쳐
끌고 굴리고
그 다음은 무엇을
기다려야 하나요
마지막 꿈 접고
눈으로 덮이는 날
그날 해오름 지우고
영원한 밤으로 돌아가겠지요
그 긴 아름다웠던 날의 밤처럼요

11월 오후

저무는 가을
겨울도 아니고
11월은 겨울보다
마음부터 더 춥다
만 가지 근심 걱정
주머니의 손 부끄럽고
부는 바람 옷깃 뒤집으니
쓸쓸한 몸 부끄럽다

밟히는 낙엽
밟히고 싶어 밟히겠나
걷는 길에 밟은 발
낙엽 보기에 부끄럽고
중얼거리는 입의 소리
새 들을까 부끄럽다
모으지 못한 죄
겨울나기 부끄럽고

할머니의 11월

이 생각 저 생각에 잠 안 오는 할머니
뒤곁 낙엽 소리에 먼동을 기다린다
새벽 일찍 일어난 할머니
장독대에 청수 떠 올리고
싫다는 손주 놈 불러 회심곡 듣고 다시 누운 할머니
점심나절 문 밖 나와 벗겨지는 먼 산 바라보며
세월의 허무함을 굽은 등으로 느낀다

일 년이면 두서너 번씩 할머니를 울리는 세월
문풍지 울면 함께 따라 우는 할머니
이듬해 눈 녹인 산에 청춘이 그립고
꽃 피고 새우니 시절이 그립다
삼복더위 부채질로 베적삼 말리던 할머니
어느새 찬바람에 세월 잃어 서럽다

팔월 보름날이면 보름달 한번으로
아이들 떠나보내는 할머니
방 기운 차디차니 또 한 번 울으신다
회심곡 한 구절로 서럽기도 서러운 세월
글 몰라 달력 못 보고
음력 무렵으로 짚어 보는 할머니
11월 안에 추워진다는 날이 손가락에 접힌다

이제 남은 날은 추위만 남았는데
늙은 몸은 그만두고 아이들이나 춥지 않을는지
남은 백발도 춥기는 매한가지인데
잠들어 꿈꾸는 날 까마귀나 보았으면 좋으련만

일기

나의 두 눈은
양심을 속였고

듣는 두 귀는
방향을 속여 왔다

그 마음
딛는 발걸음을 속여 왔고

집는 두 손은
몸을 속였다

달공질

에~ 헤리 달~공
에~ 헤리 달~공

내려놓고 두고 가니
들고 갈 것 없구나

내 먹던 밥그릇
개밥 그릇 하지 말고

입던 옷 거둬
허수아비 주지마라

신던 고무신
앞개울에 띄우고

그리고 냄새는
두고 간 정으로 씻으려무나

이 도서의 국립중앙도서관 출판예정도서목록(CIP)은 서지정보유통지원시스템
홈페이지(http://seoji.nl.go.kr)와 국가자료공동목록시스템(http://www.nl.go.kr/kolisnet)에서
이용하실 수 있습니다. (CIP제어번호 : CIP2017005726)

초판 1쇄 발행 2017년 3월 27일

지은이 이원문 **펴낸이** 임정일
책임 임병천 **편집** 김지해, 김수경 **디자인** 이동헌

펴낸곳 책나무출판사
출판신고 2004년 4월 22일(제318-00034)

주소 서울시 영등포구 신길3동 325-70 3F
전화 02-338-1228 **팩스** 0505-866-8254
홈페이지 www.booktree.info

ISBN 978-89-6339-509-8 03810